Las figuras geométricas.

Un círculo...
como el reloj.

Un cuadrado...
como la ventana.

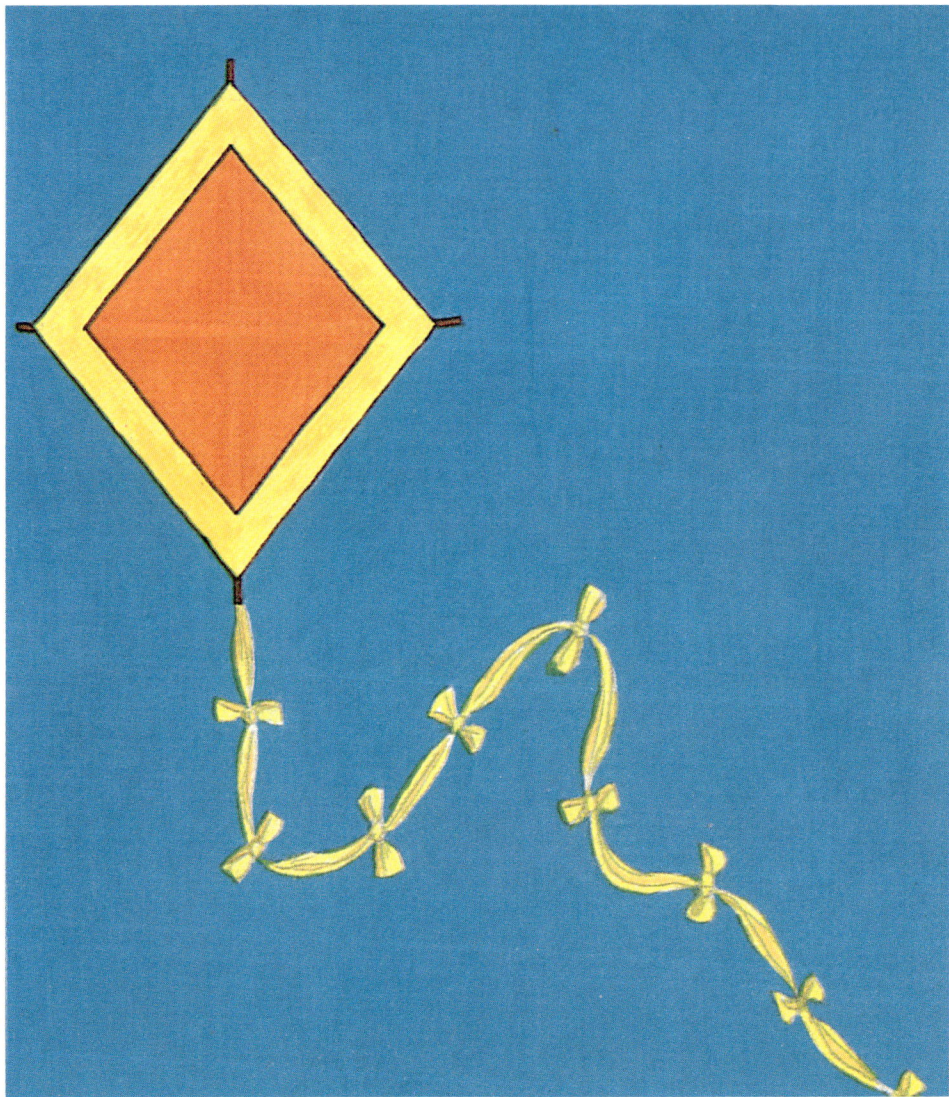

Un diamante...
como el papalote.

Un triángulo...
como la pirámide.

Un óvalo...
como el huevo.

Un rectángulo...
como la puerta.

Estas son las figuras geométricas.